I0813659

Cocodrilos marinos

Grace Hansen

Abdo Kids Jumbo es una subdivisión de Abdo Kids
abdobooks.com

abdobooks.com

Published by Abdo Kids, a division of ABDO, P.O. Box 398166, Minneapolis, Minnesota 55439.

102018

012019

Spanish Translator: Maria Puchol

Photo Credits: Alamy, Getty Images, iStock, Minden Pictures, Shutterstock

Production Contributors: Teddy Borth, Jennie Forsberg, Grace Hansen

Design Contributors: Dorothy Toth, Laura Mitchell

Library of Congress Control Number: 2018953969

Publisher's Cataloging-in-Publication Data

Names: Hansen, Grace, author.

Title: Cocodrilos marinos / by Grace Hansen.

Other title: Saltwater crocodiles

Description: Minneapolis, Minnesota : Abdo Kids, 2019 | Series: Especies extraordinarias | Includes online resources and index.

Identifiers: ISBN 9781532184109 (lib. bdg.) | ISBN 9781532185182 (ebook)

Subjects: LCSH: Saltwater crocodile--Juvenile literature. | Body size--Juvenile literature. | Animals--Size--Juvenile literature. | Animal Behavior--Juvenile literature. | Spanish language materials--Juvenile literature.

Classification: DDC 597.982--dc23

Contenido

Reptiles gigantes

¡Los cocodrilos marinos son los reptiles más grandes del mundo!

Se pueden encontrar en algunas partes de Australia, India y del sudeste asiático. Viven tanto en agua dulce como salada.

Pueden pesar 2,200 libras (998 kg). ¡Más que cuatro caimanes juntos!

cocodrilo marino

caimanes

Los machos adultos pueden llegar a medir 23 pies (7 m) de largo. ¡Más que la altura de una jirafa!

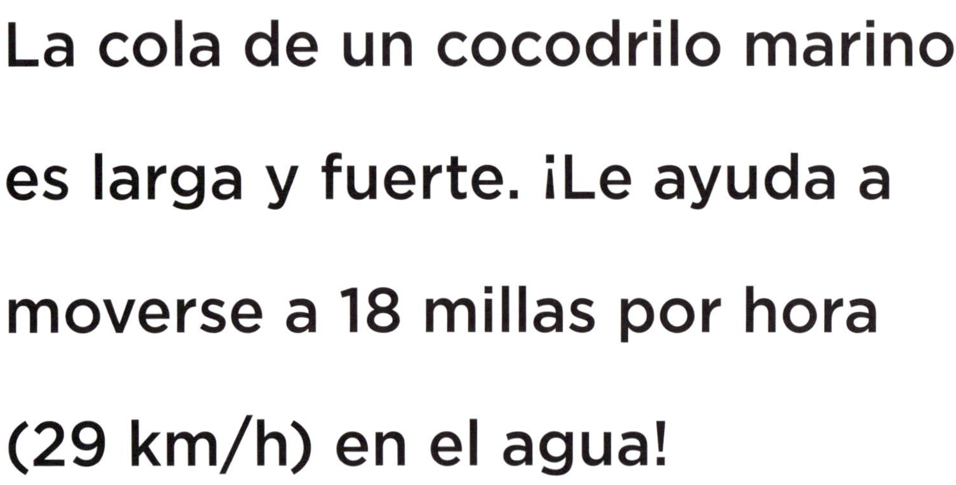

La cola de un cocodrilo marino es larga y fuerte. ¡Le ayuda a moverse a 18 millas por hora (29 km/h) en el agua!

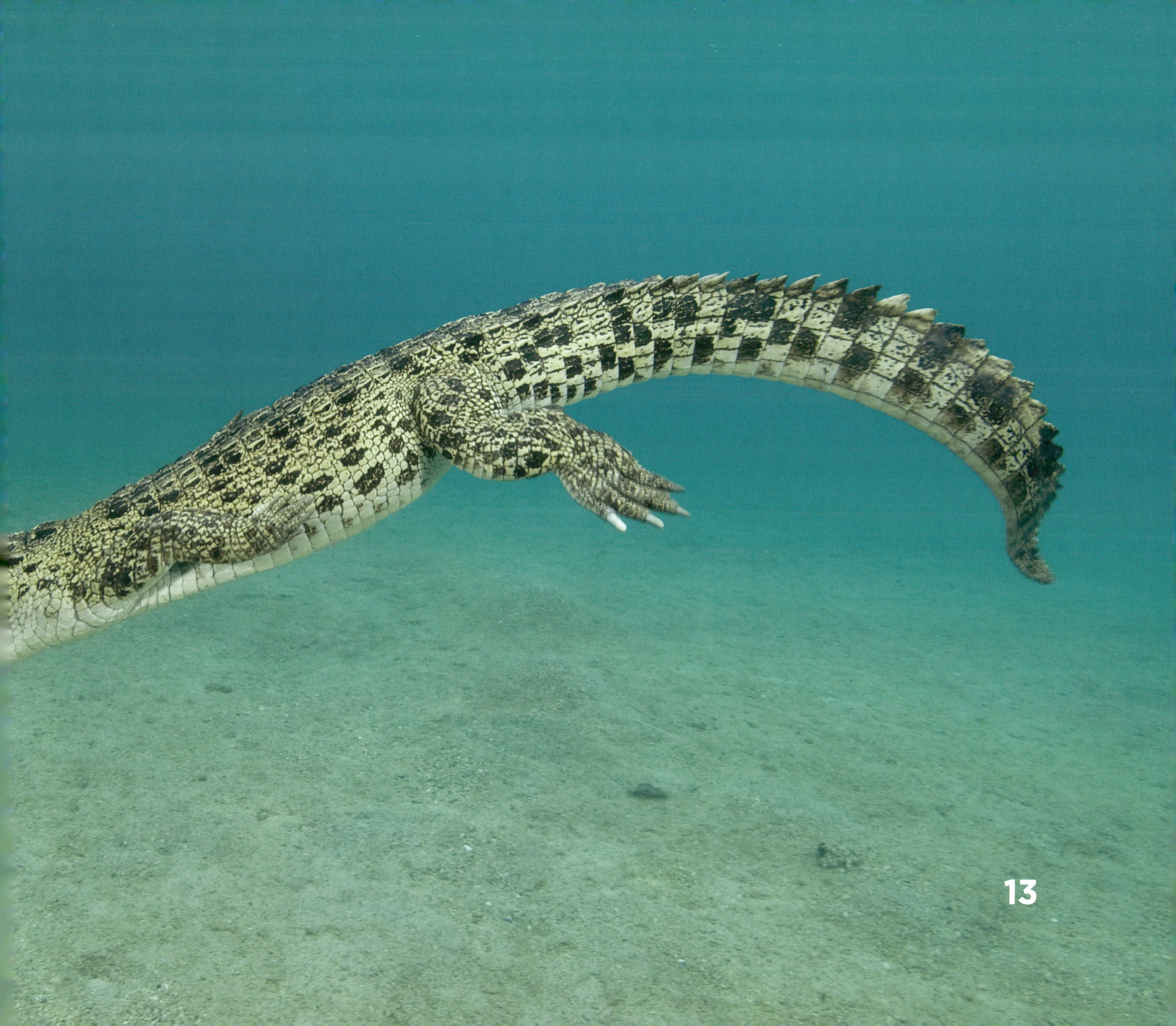

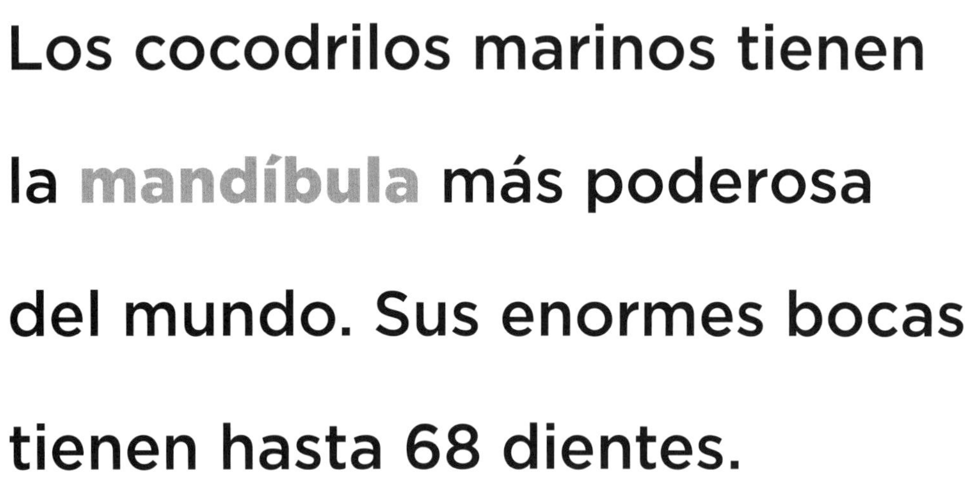

Los cocodrilos marinos tienen la **mandíbula** más poderosa del mundo. Sus enormes bocas tienen hasta 68 dientes.

De caza

Las patas y la cola les sirven para salir del agua de un salto. Atrapa con sus **mandibulas** a **presas** que están cerca de la orilla.

Crías

Las hembras hacen nidos.

Pueden poner hasta 90 huevos.

Las **crías recién nacidas** miden unas 11 pulgadas (27.9 cm) de largo. La madre las lleva en la boca hasta el agua. ¡Pueden llegar a vivir 100 años!

Más datos

- Los cocodrilos marinos comen cualquier cosa que puedan atrapar.
- Los cocodrilos marinos son más lentos en tierra que en agua. Pero pueden alcanzar una velocidad de 8 millas por hora (12.9 km/h) por cortos períodos de tiempo.
- Las crías del cocodrilo marino tienen la piel de color amarillo claro con manchas negras. Con la edad, se hacen más ocuros y tienen menos manchas.

Glosario

cría recién nacida – animal recién salido del huevo.

mandíbula – parte de la boca de un animal que se abre y se cierra para sujetar o aplastar algo entre ellas.

presa – animal que se caza o mata para comer.

reptil – animal de sangre fría con esqueleto interno y escamas o láminas duras en la piel.

Índice

¡Visita nuestra página **abdokids.com** y usa este código para tener acceso a juegos, manualidades, videos y mucho más!